Bilder und Gedanken

Bilder und Gedanken

Zuversicht

Fotografien von Anna Porizka

arsEdition

Es gibt in der moralischen Welt nichts, was nicht gelänge, wenn man den rechten Willen dazu mitbringt.

Wilhelm von Humboldt

Wir können nicht leben,
wenn wir die Sonne nicht suchen,
und zum Leben so nötig wie Luft und Brot
ist noch ein drittes für uns: das helle Sehen.

Ludwig Ganghofer

Ich glaube, daß die Vertrauenden immer gewinnen.

Robert Walser

Ein großer Teil der Sorge besteht aus unbegründeter Furcht.

Carl Hilty

Edle, freie Unbefangenheit bei allem.
Dies ist das Leben der Talente,
der Atem der Rede, die Seele des Tuns.

Gracian

Soviele Sprachen einer beherrscht,
soviele Freunde er hat, soviele Künste und Berufe
er kennt – sovielmal ist er ein Mensch.

Ralph Waldo Emerson

Bekenne Dich mutig zu Dir selbst,
das steht Dir besser als Täuschen und Zwingen.
Im Grunde verlangt kein Mensch von Dir,
daß Du sollst über Dich selber springen.

Victor Blüthgen

Das Übel, was uns trifft,
ist selten oder nie so schlimm als das,
welches wir befürchten.

Friedrich Schiller

Ein kleines Licht in unserem Zimmer
kann uns gegen das Blenden des ganzen himmel-
breiten Blitzes schirmen; so braucht es in uns
eine einzige fortleuchtende Idee und Tendenz,
damit uns der schnelle Flammen- und Lichtwechsel
von außen nicht betäube.

Jean Paul

Der körperliche Zustand
hängt sehr viel von der Seele ab.
Man suche sich vor allem zu erheitern
und von allen Seiten zu beruhigen.

Wilhelm von Humboldt

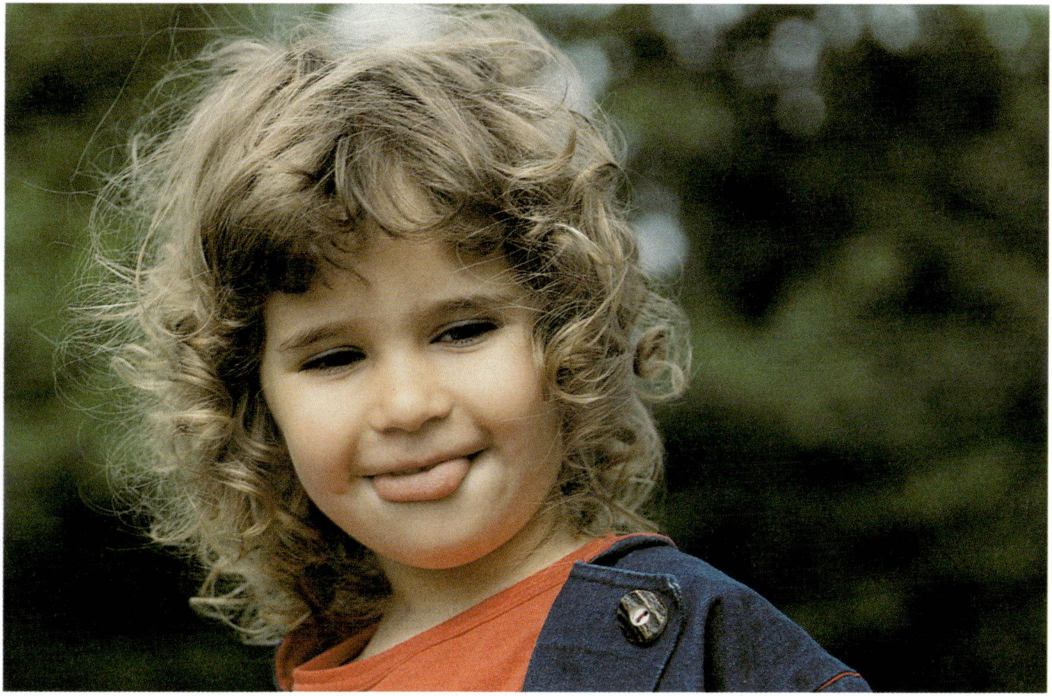

Der Heitere ist Meister seiner Seele.

William Shakespeare

Es siegt immer und notwendig die Begeisterung über den, der nicht begeistert ist.
Nicht die Gewalt der Arme noch die Tüchtigkeit der Waffen, sondern die Kraft des Gemüts ist es, welche Siege erringt.

Johann Gottlieb Fichte

UNION

Heiterkeit oder Freudigkeit ist der Himmel, unter dem alles gedeiht.

Jean Paul

Ein frohes, heiteres Gemüt ist die Quelle alles Edlen und Guten; das Größte und Schönste, was je geschah, floß aus einer solchen Stimmung.

Friedrich Schiller

Fröhlicher Mut hilft durch;
was Fröhliche tun, gerät gut.

Johann Gottfried Seume

Wenn man das Dasein als eine Aufgabe betrachtet, dann vermag man es immer zu ertragen.

Marie von Ebner-Eschenbach

Die verdrossenen Grübler rechten:
»Jeder Tag liegt zwischen zwei Nächten.«
Doch die heiteren Weltkinder sagen:
»Jede Nacht liegt zwischen zwei Tagen.«

Oscar Blumenthal

Wald und freie Bergluft haben mich zur Furchtlosigkeit erzogen, zu gläubiger Lebensfreude, zu dankbaren Staunen vor aller Schönheit, zur Wissenschaft von der ewigen Wiederkehr des Frühlings, zum Glauben, daß alle Torheit ein Umweg zur Klugheit ist, aller Schmerz ein Weg zur Freude.

Ludwig Ganghofer

Nicht was wir erleben, sondern
wie wir empfinden, was wir erleben,
macht unser Schicksal aus.

Marie von Ebner-Eschenbach

Einer sei jung, schön, reich und gelehrt,
so fragt sich, wenn man sein Glück beurteilen will,
ob er dabei heiter sei; ist er hingegen heiter,
so ist es einerlei, ob er jung oder alt,
gerade oder buckelig, arm oder reich sei,
er ist glücklich.

Arthur Schopenhauer

Gib nur der Freude, der göttlichen, Raum,
dann erfüllt sich der schöne, der ewige Traum
und der Himmel kommt wieder auf Erden.

Otto Rupertus

Denn der ist König über alle Dinge
und den berührt der Engel goldene Schwinge,
der seine Blicke so aussenden kann,
daß sie wie Adler Beute heimwärts tragen,
und die Morgenstunden leuchtend sagen:
Du, Mensch, mit hellen Augen nimm uns an!

Otto Julius Bierbaum

Quellenverzeichnis:

Seite 8: Robert Walser, aus: »Lektüre für Minuten«

Gedruckt auf umweltfreundlichem Papier
ohne Chlorbleiche

Ausstattung und Herstellung: arsEdition, München
Printed in Germany · ISBN 3-7607-5116-4